Worte des Lächelns

.

Worte des Lächelns

—

Texte von Christian Morgenstern

HERDER

FREIBURG · BASEL · WIEN

Veränderte und vollständig überarbeitete Fassung der Ausgabe
von 1998

© Verlag Herder GmbH, Freiburg im Breisgau 2018
Alle Rechte vorbehalten
www.herder.de

Umschlagkonzept, Gestaltung und Satz:
Christina Kölsch, www.christinakoelsch.de

Herstellung: GGP Media GmbH, Pößneck
Gedruckt auf umweltfreundlichem, chlorfrei gebleichtem Papier
Printed in Germany

ISBN 978-3-451-38137-9

Inhalt

Einleitung

Kommt man unter Literaturliebhabern einmal auf den Namen Christian Morgenstern zu reden, dann ist es zumeist immer noch der Verfasser der »Galgenlieder«, über den man spricht. Der »Werwolf« und das »Nasobēm« werden genannt, das »Mondkalb« wird zitiert und ganz Mutige versuchen sich vielleicht darin, »Fisches Nachtgesang« in pantomimischer Manier wiederzugeben. Meist ohne großen Erfolg. Alles in allem Unsinnsgedichte also, die man noch aus dem alten Lesebuch kennt und die sich unauslöschlich in unsere Köpfe eingebrannt haben. Würde in solchen Runden aber behauptet werden, Morgenstern sei in den meisten seiner Werke als ein sehr ernster Dichter und auch Denker aufgetreten, würde dies bei vielen lediglich für verwundertes Kopfschütteln sorgen.

Doch einmal davon abgesehen, ob es sich bei Unsinnspoesie wirklich nur um reine Späße handelt oder ob Gedichte wie »Der Lattenzaun« nicht unter der Oberfläche das einfallsreichen Sprachspiels schiere Abgründe verbergen – Christian Morgenstern sah sein eigentliches Hauptwerk nicht in den »Galgenliedern«, nicht in »Palmström« oder »Palma Kunkel«.

Neben heute weitgehend vergessenen Bänden »ernsthafter« Dichtungen widmete sich Morgenstern in immer wieder neu ansetzenden Überlegungen und Aphorismen vor allem seiner unablässigen Suche nach der condition humaine – der Frage danach, was es denn ist, das den Menschen im Innersten ausmacht. Es sind Fragen nach dem Zusammenleben der Menschen, danach, wie es uns gelingen kann, uns selbst und unsere Umwelt zu erkennen und zu verstehen. Es sind Fragen nach dem Leben an sich und danach, was Gott ist und was uns mit ihm verbindet.

Dass solche Fragen von einem großen Humor getragen werden, vermitteln hoffentlich die hier gesammelten Worte, denen auch das eine oder andere Unsinnsgedicht beigesellt wurde.

VOM GLÜCK DER
KLEINEN DINGE

Der Duft der Dinge ist die Sehnsucht, die sie uns nach sich erwecken.

Frühe Aufzeichnungen

Es gibt keine »toten« Gegenstände. Jeder Gegenstand ist eine Lebensäußerung, die weiter wirkt und ihre Ansprüche geltend macht wie ein gegenwärtig Lebendiges. Und je mehr Gegenstände du daher besitzest, desto mehr Ansprüche hast du zu befriedigen.

Stufen

Ich habe soeben eine lange leidenschaftliche Epistel an meinen Ofen verfasst und sie ihm dann gegeben. Er verschlang sie gierig und wärmte mir mit seinem Feuer zwei Minuten lang Gesicht und Hände. Gewiss, das war alles; aber es gibt Menschen, die nicht einmal wie ein Ofen zu antworten vermögen.

In me ipsum

Dieser Ofen könnte mich veranlassen, zu bleiben ... Wenn die Menschen mehr bedächten, wie viel Glück von einem einfachen Gegenstand ausgehen kann, wenn sich nur ein reiner Geschmack in ihm ausdrückt, würden sie unter den einfachsten Bedingungen viel dankbarer gegen ihr Leben sein dürfen. Ich kann nicht sagen, wie mich die ersten Architekturen des Südens (in Bozen) wieder bewegten. Ich glaube, ich werde von hier unaufhaltsam nach Italien hinabsinken – und vielleicht bloß um seiner Bauwerke willen, die mir den Menschen erhöhen, wie der Mensch sich in ihnen erhöht hat.
In me ipsum

Ein dunkelblauer Lampion, innen von einer Kerze erleuchtet, gegen den Nachthimmel. Vision eines geisterhaften Planeten in nächtlicher Dämmerung.
Stufen

Ob Geister, sofern es solche gibt, auch Bücher lesen? Ich meine, ob sie, wie sie vielleicht in unserm Zimmer mit uns wohnen, auch dann und wann, in stillen Winternächten etwa, wenn sie es müde geworden sind, den massigen Menschenschläfer zu betrachten und zu belauschen, sich in die Werke vertiefen, die auf unserm Tische liegen? Vielleicht verstehen sie das Geheimnis, sie bei geschlossenem Deckel, ohne auch nur ein einziges Blatt umzuwenden, von Anfang bis Ende zu lesen. Wie ich darauf komme?

Durch einen kleinen Druckfehler, in einem Werke, in dem ich gerade studiere. Ich zaudere, ihn zu verbessern – es ist nichts weiter, als dass in dem Bindewort »dass« das s nicht verdoppelt ist; aber ich tue es endlich doch: Denn, wenn es nun doch Geister gäbe, – müssten sie nicht unglücklich über diesen Fehler werden, den sie selbst nicht verbessern können und aus dessen Stehengebliebensein sie schließen müssen, dass ihr Freund ihrer nicht gedacht hat?

Stufen

Der Korbstuhl

Was ich am Tage stumm gedacht,
vertraut er eifrig an der Nacht.
Mit Knisterwort und Flüsterwort
erzählt er mein Geheimnis fort.
Dann schweigt er wieder lang und lauscht –
indes die Nacht gespenstisch rauscht.
Bis ihn der Bock von Neuem stößt
und sich sein Krampf in Krachen löst.

Palmström

An meine Taschenuhr

Du schlimme Uhr, du gehst mir viel zu schnell,
und doch – dich schauend, seh ich selber hell.
Unschuldig Räderwerk, was schelt ich dich?
Ich geh zu langsam, ach zu langsam – ich.

Sprüche und Epigramme

So ein Spinnentüchlein voll Regentropfen – wer macht das nach?
Stufen

Die Korfsche Uhr

Korf erfindet eine Uhr,
die mit zwei Paar Zeigern kreist
und damit nach vorn nicht nur,
sondern auch nach rückwärts weist.

Zeigt sie zwei, – somit auch zehn;
zeigt sie drei, – somit auch neun;
und man braucht nur hinzusehn,
um die Zeit nicht mehr zu scheun.

Denn auf dieser Uhr von Korfen
mit dem janushaften Lauf
(dazu ward sie so entworfen):
hebt die Zeit sich selber auf.
Palmström

Es ist mit der Weltenuhr wie mit der des Zimmers. Am Tage sieht man sie wohl, aber hört sie fast gar nicht. Des Nachts aber hört man sie gehen wie ein großes Herz.

Weltbild: Am Tor

Der Seehund sah mich aus Augen an,
dass ich ihn nicht vergessen kann
so menschlich war sein Blicken.

Ich fühlte traurig: Halbbruder Tier,
kein Wörtchen Liebe kann ich dir,
nur höchstens – Fische schicken.

Sprüche und Epigramme

Es ist ein wahres Glück, dass der liebe Gott die Fliegen nicht so groß wie die Elefanten gemacht hat, sonst würde uns, sie zu töten, viel mehr Mühe machen und auch weit mehr Gewissensbisse.

Stufen

Kinder, Tier, Pflanzen,
da liegt die Welt noch im Ganzen.
Sprüche und Epigramme

Es ist ergötzlich zu beobachten, wie Wespen und
Ameisen von der Zudringlichkeit und Dickfellig-
keit der Fliegen genau so wie wir Menschen gestört
und irritiert werden.
Stufen

Auch der Baum, auch die Blume warten nicht
bloß auf unsere Erkenntnis. Sie werben mit ihrer
Schönheit und Weisheit aller Enden um unser Ver-
ständnis.
Stufen

Mir genügt zur Zeit das Schwatzen der Seevögel,
das leise Sich-Wiegen des stachlichen Strandha-
fers, ein wenig durch die Finger rinnender Sand

und die graublaugrüne Fläche vor mir mit ihrer seltsamen Unbedingtheit.
Stufen

Bemerke, wie die Tiere das Gras abrupfen. So groß ihre Mäuler auch sein mögen, sie tun der Pflanze selbst nie etwas zuleide, entwurzeln sie niemals. So handle auch der starke Mensch gegen alles, was Natur heißt, sein eigenes Geschlecht voran. Er verstehe die Kunst vom Leben zu nehmen, ohne ihm zu schaden.
Stufen

Die Reinlichkeit der Katze ist eine ganz andre als die des Menschen. Der Mensch wäscht sich, kämmt sich, bürstet und klopft seine Kleider, er entledigt sich, mit einem Wort, seines Staubes, indem er ihn dem Wasser, der Luft, der Erde zurückgibt. Die Katze hingegen schleckt ihn mit unermüdlicher Zunge in sich auf, verleibt ihn sich ein, vertilgt ihn – aber im fruchtbarsten Sinne, indem sie ihn schlankweg in ihr organisches Leben mit hineinnimmt.

Stufen

Warum erfüllen uns Gräser, eine Wiese, eine Tanne, mit so reiner Lust? Weil wir da Lebendiges vor uns sehen, das nur von außen her zerstört werden kann, nicht durch sich selbst. Der Baum wird nie an gebrochenem Herzen sterben und das Gras nie seinen Verstand verlieren. Von außen droht ihnen jede mögliche Gefahr, von innen her aber sind sie gefeit. Sie fallen sich nicht selbst in den Rücken wie der Mensch mit seinem Geist und ersparen uns damit das wiederholte Schauspiel unseres eigenen zweideutigen Lebens.

Stufen

Darum ist die Natur so tieftröstlich, weil sie schlafende Welt, traumlos schlafende Welt ist. Sie fühlt

nicht Freude, nicht Schmerz, und doch lebt sie vor uns und für uns ein Leben voll Weisheit, Schönheit und Güte. So schliefen auch wir einst und zu solchem Zustand kehren auch wir einst wieder zurück, nur mit dem Unterschiede, dass dann dies ganze Über-Glück, Über-Leid uns bewusst sein wird und dass wir dann auch keine Träume mehr brauchen, weil wir die Himmel selbst offen sehen.
Stufen

Lesen-Können – darauf läuft schließlich alles hinaus.
Stufen

Es ist das Interessante an Büchern, über denen man eigentlich den Verstand verlieren müsste, dass man durch sie vielmehr an Verstand gewinnt. Freilich ist das nur ein neuer Kompromiss – denn anständigerweise müsste man allerdings nach ihrer Lektüre abdanken. Aber das Leben ist nicht das,

was wir anständig zu nennen lieben. Allein schon der Umstand, dass der Autor seinen Verstand behalten hat, wird genügen, den Leser zum gleichen zu veranlassen; es sei denn – dass er nur so beweisen zu können meinte, dass er noch tiefer als jene sei, dass er sozusagen aus Ehrgeiz, aus »Willen zur Macht« wahnsinnig zu werden geradezu – wünschte.
Stufen

Es ist eines der merkwürdigsten Dinge der Welt, dass man eine Seite und mehr lesen kann und dabei an ganz etwas anderes denken.
Stufen

Wenn ich mir je ein Haus baue, so muss es einen Hof umschließen, in dessen Mitte ein riesiger Baum steht. Nichts ist für mich mehr Abbild der Welt und des Lebens als der Baum. Vor ihm würde ich täglich nachdenken, vor ihm und über ihn …
In me ipsum

Jedem, der seine Gedanken niederlegt, blickt schon im Augenblick des Schreibens ein Größerer über die Schulter, sei es ein Vergangener, Lebendiger oder noch Ungeborener. Wohl dem, der diesen Blick fühlt: Er wird sich nie wichtiger nehmen, als ein geistiger Mensch sich nehmen darf.
Stufen

Ich habe einmal in meinem Leben auf einen Stein gebissen. Seitdem bitte ich jedes Brot vorher: enthalte keinen Stein!
In me ipsum

Es ist etwas in mir, das jagt und jagt einem Ziele zu. Das lässt mich in keiner Trägheit ganz ruhn, in keinem Glück ganz vergessen.
In me ipsum

Die beiden Flaschen

Zwei Flaschen stehn auf einer Bank,
die eine dick, die andre schlank.
Sie möchten gerne heiraten.
Doch wer soll ihnen beiraten?
Mit ihrem Doppel-Auge leiden
sie auf zum blauen Firmament …
Doch niemand kommt herabgerennt
und kopuliert die beiden.
Galgenlieder

Die russische Truhe

Ich hab eine russische Truhe,
bemalt mit Blumen sonderbar,
in diese Truhe tue
ich meine Werke Jahr um Jahr.
Ich liebe die fremde Truhe,
mit dem, was meine Kraft ihr gab.
Sie mag einst meine Ruhe
teilen im grünen Grab.
Ich und die Welt

VOM
ZUSAMMENLEBEN
DER MENSCHEN

Zum Menschen fühl ich
unverbesserlich mich hingezogen;
belogen und betrogen oft – was tut's?
Denn was ich liebe,
steht über dem, was einer ist.
Sprüche und Epigramme

In der Gesellschaft läuft alles darauf hinaus, dass einer vor dem andern den Hut abnimmt. »Ich nehme den Hut vor dir ab, damit du den Hut vor mir abnimmst.« Ein stillschweigendes Übereinkommen, das den, der klug und »liebenswürdig« in seinem Sinne handelt, in der »allgemeinen Achtung« außerordentliche Grade erreichen lässt.
Stufen

Die Wirtsstube ist die Palette, auf der sich die Farben des Individuums mischen und vermählen. Daher ihr großer Reiz.
Stufen

So eine Wirtin hat immer die ganze Menschenkarte vor sich, vom jüngsten Backhuhn beiderlei Geschlechts bis zum ernsthaftesten Filet-Beefsteak.
Stufen

Es ist mit Landschaften wie mit Menschen, man lernt sie nie aus. Jeder und jede vermögen unter Umständen alle Phasen von der ärmlichsten Hässlichkeit bis zur lebensvollsten Schönheit zu durchlaufen.
Stufen

Man findet deshalb so wenig Menschenliebe, weil dem Äußeren meist zu viel Wichtigkeit beigelegt wird. Aber es ist damit wie mit der Kleidung. So mannigfaltig sich der Mensch auch tragen mag, in der Hülle steckt allemal Adam und Eva, der homo sapiens-insipiens, dasselbe allerletzten Endes unablehnbare Geschwister.
Stufen

A sagte zu B, der sich mit seinem persönlichen Schicksal herumschlug und des Jammers kein Ende fand: Wie erbarmungslos bist du!

Wie erbarmungslos? gab B befremdet zurück und fügte, da er A nicht durchdrang, nach einer Weile hinzu: Wenn nur du nicht erbarmungslos bist! (indem er meinte, dieser habe für sein Unglück kein Verständnis). Und wenn ich es gegen dich wäre, erwiderte A, so wäre ich es gegen einen Einzigen. Du aber bist es gegen Millionen. Denn du siehst nur dein eignes Leid, nicht auch das ihre. Du wärst aus ganzer Seele zufrieden, wenn nur du allein getröstet würdest, wenn nur dir allein unter allen Millionen geholfen würde. Prüfe dich selbst, ob ein solcher Sinn nicht noch strengster Zucht bedarf und ob es weit gefehlt ist, ihn selbstsüchtig, hart und erbarmungslos zu nennen.

Stufen

Wenn jemand gegen etwas vorgeht, so geht er nicht gegen das ganze Etwas vor: denn das sieht er dann gar nicht mehr. Sondern er sieht dann nur noch das »rote Tuch« in dem Etwas. Nie wird gegen »etwas« vorgegangen, immer nur gegen rotes Tuch. Und wenn zwei Völker gegeneinander ziehen, so stürzt ein jedes bloß gegen rotes Tuch: denn wie könnte ein Volk wider ein andres Volk sein ..., wenn nicht unaufhörlich von hüben und drüben auf rotes Tuch aufmerksam gemacht würde, sodass die Völker, die armen Stiere, zuletzt wild werden und einander anrennen.

Stufen

Einander kennenlernen heißt lernen, wie fremd man einander ist.

Stufen

Menschen, die im Wesentlichen dieselbe Straße ziehen, sollen es nicht mit verkniffenen Mienen und heimlichen Rückhalten tun.

Briefe

Alle für jeden, jeder für alle. Stattdessen lebt man in unsern großen Völkerfamilien nach dem geheimen Grundsatz: Jeder für sich: Alle für mich. Was kümmert den Bürger auf seinem Wege zum Reichtum der Mitbürger auf seinem Wege der Armut? Nichts. Aber sofort erinnert er sich dieses Mitbürgers, wenn seine Ruhe und sein Besitz bedroht werden. Dann ruft er ihn auf »zum gemeinsamen Vorgehen gegen den gemeinsamen Feind«. Dann zieht er plötzlich den Bruder, den Blutsverwandten, den armen Verwandten aus seinem Dunkel hervor. Und seine plötzliche Begeisterung wirkt ansteckend – mein Gott, gewiß, zwar, freilich, allerdings, indessen, gleichwohl – kurz, man ist kein Unmensch. Vergessen wir das Vergangene! Auf in den fröhlichen Krieg! Schulter an Schulter!
Stufen

Wenn ich dies und das nicht tue, so tut es ein anderer – welch grober Gedankengang!
Stufen

Du meinst, das Wohl des Volkes hinge von seinen Gesetzen ab? Zum Teil, gewiss. Aber unsere aufgeregte Zeit braucht zu ihrer Heilung noch weit anderes als Gesetze. Es bedarf einer großen geistigen und sittlichen Wiedergeburt, wenn die Menschen so klug geworden sind, sie recht zu würdigen. Sprichst du nicht selbst von einem inneren Verfall, während wir nach außen groß dastehen durch unser festgefügtes Staatsgebäude, also durch Gesetze, die Ruhe und Frieden garantieren? Und dieser innere Verfall scheint mir zunächst der wichtigste Punkt, worauf wir heute zu achten haben. Der Gesetzgebung mögen sich Männer zuwenden, die neben einem festen Charakter eine außerordentliche praktische Begabung, kritische Begabung besitzen. Die andre Aufgabe erfordert nichts als ganze Menschen, aber vielleicht wird diese Forderung schwerer und seltener befriedigt als die erstere. Diese Aufgabe braucht Herzen voll Selbstlosigkeit und Menschenliebe, sie braucht Herzen voll Glauben an das Gute im Menschen, Herzen voll Bewusstsein einer höheren Bestimmung der Menschenseele und einer ewigen Gottheit. Sie braucht Männer, die von Vorurteilen frei sind, die den Zorn der »Gesellschaft«, wenn sie ihn einmal erregt haben, für ein Nichts ansehen und einzig ihrem eigenen Gewissen Rechenschaft ablegen, durch das der Gott zum Menschen redet. Und was diese Leute tun sollen? Sie sollen versuchen, das unendliche Weh zu lindern, das die Menschenkinder über sich selbst gebracht haben und bringen; sie sollen die Armen, die der Liebe Bedürftigen, trösten, beglücken, ihnen mit allem helfen, was sie selbst besitzen; sie sollen alle, die helfen können, dazu ermahnen, und allen, die nicht helfen wollen, das tiefste Herz erschüttern. Sie sollen vor allem im Großen und Kleinen erzieherisch wirken.

Briefe

Wie sollte man wohl leben, wenn man nicht fortwährend bei sich wie bei den andern hunderterlei Krumm gerade sein ließe.

Stufen

Hinter die Oberfläche der Menschen sehen, hinter das »Persönliche«, das Leben selbst in ihnen lieben.

Stufen

(In einem Kaffeehause.)

So von seinem Marmortischchen aus, seine Tasse vor sich, zu betrachten, die da kommen und gehen, sich setzen und sich unterhalten, und durch das mächtige Fenster die draußen hin und her treiben zu sehen, wie Fischgewimmel hinter der Glaswand eines großen Behälters – und dann und wann der Vorstellung sich hinzugeben: Das bist du! Und sie alle zu sehen, wie sie nicht wissen, wer sie sind, wer da, als sie, mit SICH selber redet und wer sie aus meinen Augen als SICH erkennt und aus ihren nur als sie!

Weltbild: Episode

Schließlich und endlich: Was vermisse ich unter meinen Mitmenschen am meisten: wirkliche, wirkliche Phantasie.

In me ipsum

Wer alles ernst nimmt, was Menschen sagen,
darf sich nicht über Menschen beklagen.
Alles Reden ist meist nur Gered.
Weiß man erst, was dahinter steht,
lässt man's klappern wie die Mühlen am Bach
und geht stillfein in sein eigen Gemach.

Melancholie

Ich halte es nicht für das größte Glück, einen Menschen ganz enträtselt zu haben, ein größeres noch ist, bei dem, den wir lieben, immer neue Tiefen zu entdecken, die uns immer mehr die Unergründlichkeit seiner Natur nach ihrer göttlichen Seite hin offenbaren.

Stufen

Wenn dich jemand »vollkommen versteht«, sei gewiss, dass dich niemand vollkommener miss-versteht.

Stufen

Die kleinen Schwächen legt man am schwersten ab, so wie man der Moskitos weit schwerer Herr wird als des Skorpions oder der Schlange. Und so ist es recht eigentlich das Kleine, was den Fort-schritt der Menschheit aufhält: Gedankenlosig-keit, Unaufmerksamkeit, Trägheit, Lauheit.

Stufen

Es gibt keine unleidlichere Gewohnheit, als das sogenannte Nötigen bei Tische. Dieses ewige Zu-reden in einer höchst untergeordneten Sache, die jeder mit sich selbst abzumachen hat, sollte unter Menschen, die auf sich halten, verpönt sein.

Stufen

Ich möchte am liebsten auf einem Turm wohnen. Täglich im Leben drunten ein Bad nehmen, untertauchen, und dann wieder hinaufsteigen in sein Luginsland, sein au dessus de la vie.

In me ipsum

Die Anzahl der geistigen Foltermittel, die wir heute noch unter- wie gegeneinander bewusst oder unbewusst anwenden, ist groß. Eines davon ist das Fragen. Es gibt Menschen, die so wenig wie möglich gefragt sein wollen; wohlverstanden: nach Unwesentlichem. Und Gegenstücke dazu: Menschen, die fast keine andere Interpunktion kennen als das Fragezeichen.

Stufen

Vor einer Anzahl von Leuten der »guten Gesellschaft«. Sind es nicht alles Menschen, die man in irgendeinem Zuge ihres Wesens lieben kann? Alle sind so oder so ein wenig oder sehr liebenswert.

Aber sie müssten auch fast alle mit dem Gift einer schwachen doch steten Unruhe geimpft werden. Sie wollen zu wenig über sich hinaus, sie siedeln sich zu schnell bei sich selber an, sie haben zu wenig Wachstum und Wandertum in sich. Sie glauben, mit 30 Jahren sich gefunden zu haben – sie nennen es: erwachsen sein – und setzen sich schon auf sich selbst zur Ruhe. Man wird nichts Unerwartetes von ihnen mehr sehen oder hören; als ob man nicht von jedem Menschen in jeder Stunde Unerwartetes erwarten müsste! Man kann sie vorausberechnen wie irgendetwas ganz Gewöhnliches – und dabei sind sie das Ungewöhnlichste der Welt, nämlich Menschen, und tragen das Unberechenbarste der Welt in sich: eine zu jeder Unerhörtheit fähige Seele. Sie haben ganz vergessen oder nie begriffen, dass sie – Gott sind, sie begnügen sich damit, Herr X oder Frau Y zu sein und als solche und nur als solche zu leben und zu sterben.
Weltbild: Episode

So oft ich unter neue Menschen gehe, so oft komme ich mit Wunden bedeckt von ihnen zurück. Es sind freilich nur leichte oberflächliche Schrammen, die bald wieder verheilen, aber sie haben, da sie entstanden, wie zehrendes Feuer gebrannt und besser vielleicht als eine tiefe Verwundung ihr Werk an meiner Seele getan.

In me ipsum

Vor einer Menschenmenge: Ich sehe plötzlich die Gedanken dieses Volks wie eine dicke schwarze Wolke über ihm. Eine Wolke voll Tränen und Blitzen.

In me ipsum

Es gibt kaum eine größere Enttäuschung, als wenn du mit einer recht großen Freude im Herzen zu gleichgültigen Menschen kommst.

Stufen

Wer am Menschen nicht scheitern will, trage den unerschütterlichen Entschluss des Durch-ihn-lernen-Wollens wie einen Schild vor sich her.
Stufen

Wenn ich unter Menschen bin, bin ich wie auf Ferien. – Und deshalb sollte ich eigentlich nicht mehr unter Menschen und am wenigsten unter Freunde gehen: Denn sie wissen alle nicht, dass ich nur gastweise bei ihnen bin und ihnen zuhöre, dass mir für vieles von ihrem Leben und Treiben die letzte leidenschaftliche Aufmerksamkeit verloren gegangen ist, als wäre ich ein Mann, der etwa in einem Saal einer feinen und großen Musik zuhört – aber draußen vor der Türe steht heimlich sein Weib und wartet auf ihn und vor lauter innerer Unruhe hört er nur mit halbem Ohre zu und verbirgt kaum seine Zerstreutheit und mag manchem schärferen Beobachter mit Recht als kein sehr fachmännisch engagierter Zuhörer gelten.
In me ipsum

For the happy fews – sollte das doch aller Weisheit Schlusswort zur Öffentlichkeit sein?

Stufen

Heftige Bewegungen machen alle Tiere scheu. So sollte sich auch der vollkommene Weise im Geistigen jäher Bewegungen enthalten. Im Grunde ist es das Gleiche, wie du an ein Pferd herangehst und sein Zutrauen gewinnst und wie du an einen Menschen dich wendest und ihn eroberst.

Stufen

Man hüte sich vor Lieblingsvorstellungen, Lieblingsideen. Dergleichen lenkt einen bloß von der großen Liebe ab, die sich allein auf die Menschheit in ihrem Vorwärtskommen richten soll; dergleichen sind bloß Fallgruben der Eigenbrödelei, Sackgassen der Egoität. Mag sich ins Kornfeld werfen, den Himmel angucken und Träume spinnen, wer die Wirklichkeit noch nie geschaut hat; wem die

Augen offen wurden, der weiß, dass es für ihn nur noch einen modus vivendi gibt, den des entschlossenen Realisten der Liebe.

Stufen

Du wohnst in einem Hause, das viele Menschen mit dir zugleich bewohnen. Einer dieser Hausgenossen ist ein auf den Tod Kranker, von dem du weißt, und viele der anderen wissen es mit dir, dass ihm jeder Lärm, vor allem jede irgendwie laute und grelle Musik zur vollkommenen Folter und Marter wird. Da erscheint ein Mann mit einer Ziehharmonika vor dem Hause und fängt an, seine Operetten zu spielen. Dein erster Gedanke ist: Dem Mann muss sofort ein Geldstück gegeben werden, das ihn veranlasst, sein Spiel einzustellen und weiterzugehen. Aber du kannst es nicht, denn du liegst selbst zu Bett und deine Bedienung ist ausgegangen. Aber das ganze übrige Haus! Einer wird doch gleich dir auf den Gedanken kommen, wenigstens einer aus der nächsten Umgebung des

Kranken. Niemand rührt sich. Der Musikant spielt eine Viertelstunde lang, er überbietet sich.

Wie dieses Haus, so ist das Haus der Welt. Einer darinnen vielleicht hat jeweilig den rechten ursprünglichen Gedanken – den Gedanken, der sich im Grunde von selbst versteht –, aber er ist an seiner Ausführung gehindert. Vielen andern geht auch noch so etwas Ähnliches durch den Sinn – aber sie lassen es beim Gedanken von vornherein bewenden. Ermiss daraus die Kraft der Originalität des Menschen, berechne daraus die Möglichkeit. die Wahrscheinlichkeit einer wahrhaft originellen Handlung.

Stufen

A. Sie sollten gerade da, wo Sie besondere Antipathie empfinden, doppelt streng gegen sich selbst vorgehen, nicht aber Ihrer Antipathie nachlaufen wie der Student seiner Flamme.

B. Wie? Ich sollte mich auf meine Instinkte nicht mehr verlassen dürfen?

A. Ja und nein. Schauen Sie Ihren Instinkten zu wie Ihren Hunden, mit denen Sie über Land gehen. Aber behalten Sie sich stets vor, sie zurückzupfeifen, und pfeifen Sie gelegentlich auch einmal ohne Grund, einfach weil Sie der Herr sind und die Instinkte Ihre Diener.

Stufen

Es gibt Menschen, die sich immer angegriffen wähnen, wenn jemand eine Meinung ausspricht.

Stufen

Das eine und einzige Gebot: Du darfst alles tun, was du willst, aber bedenke, dass du es dir selbst tust.

Weltbild: Episode

Wer wollte den Gutartigen, den Begabten, den Wunderlichen nicht lieben. Aber den Böswilligen, den Ungeistigen, den Langweiligen zu lieben gilt es. Nicht so sehr ein jovialer Wirt sein allen, die ihre Zeche mehr oder minder bezahlen, als der barmherzige Samariter derer, die nichts haben als ihr schmerzliches Schicksal.

Stufen

Eine Empfindung ist es, die die letzten Tage in meiner Brust mächtiger denn je geweckt und genährt haben. Es ist die Empfindung der ungeheuren Pflicht der Liebe, die jeder Einzelne von uns gegen seinen Nächsten und zumeist gegen die für uns arbeitende, leidende Klasse hat. Aber nicht nur Liebe in Wort und Schrift, sondern in lebendiger Tat. Es ist mir ein Verständnis gekommen von dem unsagbaren, himmelschreienden Elend, das uns – und zumal in der Großstadt – in jeder Stunde umgibt. Und ich habe gefühlt, wie nichtswürdig unser aller Verhalten ist, dass sich zwischen Verachtung des Volkes, träger Genusssucht und lauem Wohltun bewegt – ohne auch nur eine Spur wahrhaftiger, kraftvoller Liebe aufzuweisen, wie es Bruder zu Bruder haben soll. Ja, es ist wahr, was der Verfasser einer diesbezüglichen Schrift sagt: Nicht durch Gesetze und Waffen sei die soziale Frage zu lösen, sondern durch Liebe, durch die innere Gleichstellung aller Stände. Unsre »Gebildeten« müssen den Dünkel aufgeben, der sie glauben macht, sie seien mehr und höhere Wesen als der gemeine Mann.

Briefe

Der Hass hat uns in eine solche Grobheit des Urteils und der Beurteilung hineingesteigert, dass wir nichts mehr rein zu sehen vermögen. Wir vergessen, dass es keine Ablehnung gibt, die nicht, sei es ein Korn, sei es einen Klumpen Unrecht enthielte. Versuchen wir uns doch einmal entschieden auf die Seite des Positiven zu stellen, in jeder Sache.

Stufen

43

Ihr macht mir aus meiner gleichmäßigen Höflichkeit gegen alle einen Vorwurf. Aber, was wollt ihr! Es gibt gewiss nicht gar so viele, denen es leicht fällt, die Menschen zu lieben. Nun, mir fällt es zuweilen leicht ... Ich finde an jedem etwas, was mir Sympathie oder doch Interesse abnötigt; und würde nicht mein Gefühl vom Einssein mit allem eine Lüge sein, wenn ich irgendeinem Mitmenschen gegenüber völlig kalt bleiben könnte?

In me ipsum

Ich und du, einmal groß und einmal klein geschrieben – das ist die Weltformel. Ich und Du, und ich und du.

Weltbild: Episode

Was ist das Erste, wenn Herr und Frau Müller in den Himmel kommen? Sie bitten um Ansichtspostkarten.

Stufen

VON DEN
WECHSELFÄLLEN
DES LEBENS

Leben ist die Suche des Nichts nach dem Etwas.
Stufen

Dir sind die Alpen nicht hoch, nicht geheimnisvoll genug, du träumst von den Anden, vom Kaukasus, vom Himalaya. Und doch gilt es eben hier die Seele ganz zu weiten und schon hier letzte Erhabenheit zu empfinden. Sind nicht alle diese Berge gleiche Klippen der großen blauen, strahlenden Geister- und Gottes-See, auf die immer wieder hinzublicken, ja, die früher oder später mannhaft zu befahren unsere edelste Bestimmung und Freiheit ist?
Stufen

Das Menschenherz ist ein Saitenspiel, in den Wind gehängt, ein Brennspiegel, unter die Sonnenstrahlen gehalten; nimm Harfe und Glas fort, so existiert kein Klang und keine Glut mehr, und was wir die »Welt« nennen mit ihrer Schönheit

und Mannigfaltigkeit, hört auf zu sein. Was bleibt, ist ewige, eigenschaftslose Substanz. Darum sind wir größer wie die Berge, wie die Natur – wir geben dieser Welt erst Inhalt und Bedeutung, wir prägen und werten sie erst zu dem, was sie ist.
Briefe

Fass das Leben immer als Kunstwerk.
Stufen

Wenn im großen Weltkonzert einmal ein Stern untergeht, so ist das auch nichts weiter, wie wenn einem irdischen Orchestermusiker eine Saite platzt. Sähe man den Mann nicht die Geige absetzen, so würde man vermutlich gar nichts merken, so unbekümmert geht das vielstimmige Zusammenspiel seinen gewaltigen Gang.
Weltbild: Am Tor

Die Sterne lauter ganze Noten. Der Himmel die Partitur. Der Mensch das Instrument.
Stufen

Sieh dir ein gut beschicktes Trabrennen an. Und du wirst merken, worauf's ankommt, auch bei dir.
Stufen

Glauben Sie doch: Alles würde leichter und besser werden, wenn wir uns den Menschen nicht so fortwährend und hartnäckig verdeckten – indes wir meinen, durchaus nur den Schriftsteller, den Schauspieler und so weiter in ihm sehen und apostrophieren zu müssen. Der Mensch ist ein ewig Fließendes – wir versteinern ihn unaufhörlich, und nicht nur für uns: Auch ihn hemmen und lähmen wir damit.
Briefe

Man muss Erdbeben sein und die festen Städte der Menschen immer wieder zu Falle bringen. Man muss ihre Mauern wandeln machen, sonst stockt das Leben in ihnen. Aber es kann auch Zeiten geben, da man Urgestein sein muss, dahinauf sich ein namenlos geängstigtes Geschlecht retten kann. Wo man um der Liebe willen, um des nackten Lebens willen die verwerfen und verleumden muss, die den Erdboden zur schwankenden Welle machten, die den Abgrund predigten und die Schauder der Ewigkeit. Man wird aus Himmel und Sternen wieder ein Bild machen, man wird die Spinnweben alter Märchen auf offene Wunden legen müssen und all das bunte Spielzeug wieder hervorholen, das die Kulturen bisher hervorbrachten.

Stufen

Das Resignieren der heutigen Menschen ist bereits eine Gewohnheit geworden wie Essen, Trinken und Schlafen; und deshalb ist es so gemein.

Was für ein träges, ungeistiges Tier ist doch noch der Mensch und wie sehr bedarf es großer und größter Schrecken und Trübsale, damit er nicht immer wieder in Schlaf versinke!

Stufen

Ich habe nur einen wahren und wirklichen Feind auf Erden und das bin ich selbst.

In me ipsum

Wiederkäuer

Zuerst erlebt der Mensch, dann käut er's durch,
erlebt im Durchkäun Neues, käut dann wieder,
und so in infinitum, käut sich so
allmählich durch, das göttliche Kamel.

Epigramme

Betrachte den gefüllten Zuschauerraum eines Theaters. Wie festlich machen ihn die vor Erwartung und Lebenslust glänzenden Augen der Frauen, ihre schneeweißen Nacken, ihr herrliches Haar – wie scheinen sie alle zu rufen voll reizender Ungeduld: den Vorhang auf! den Vorhang auf! Wie gern sie leben und leben sehn, wie ganz unverständlich es ihnen wäre, wenn nun plötzlich ein Mann aufstünde und spräche: Nein, nicht den Vorhang auf! nicht auf! Sondern lasst uns endlich ein Ende machen mit diesem ewigen Theaterspiel! Und seine Augen würden sich schließen im Übermaß des Schmerzes. Aber nach einer kurzen Spanne der Starrheit – was würde geschehen? Mit ihren Fächern würden sie ihn zu erschlagen drohen und mit hundert beredten Gebärden laut oder stumm, lächelnd oder schluchzend, die Männer rings fragen: Wie? und wir? sind wir nichts? gelten für nichts? Ihr wollt dies starke, süße, bunte Leben nicht mehr? Ihr wollt also Uns nicht mehr? Was haben wir euch denn getan? Und was unsre Kinder, eure Kinder? O, ihr Toren, ihr Spielverderber, ihr Pflichtvergessenen! Aber ihr sollt uns nicht irre machen. Nicht irre an Lieben und Leben, nicht

irre an Pflicht und gesundem Menschenverstand. Nein, die Komödie sei noch nicht zu Ende!
Weltbild: Episode

Wir brauchen nicht so fort zu leben, wie wir gestern gelebt haben. Macht euch nur von dieser Anschauung los und tausend Möglichkeiten laden uns zu neuem Leben ein.
Stufen

Glaube mir, dass eine Stunde der Begeisterung mehr gilt als ein Jahr gleichmäßig und einförmig dahinziehenden Lebens. Die Ruhe ist dein Feind, ist der aller Menschen – ich meine die Ruhe der untätigen Behaglichkeit. Ohne Streben kein Erfolg, ohne Feuer kein Brand.
Briefe

Wenn ich Schauspieler wäre, würde ich mir für mein Studierzimmer zunächst einen riesigen Spiegel anschaffen. Vor ihm würde ich täglich mindestens zwei Stunden verbringen und meinem Körper eine Geschmeidigkeit anzüchten, die mir später gestattete, auch die leiseste Gemütsbewegung in unwillkürliche Sichtbarkeit umzusetzen. Ich würde mich dabei nicht in malerische oder zeichnerische Ideen verlieren, o nein, ich würde die Seele ganz allein Herr sein lassen und ihr, ihr allein, meine Glieder dienstbar machen. Unmittelbare Übertragung dessen, was mich bewegte, wäre mein Ziel ... Ich würde keinen andern Stil als den wahren Ausdruck meines Innenlebens haben wollen, aber freilich die Art meines Innenlebens wäre bereits der Stil, den ich will.

Stufen

Wie die Gefahr des Tauchers der Tintenfisch, so des Grüblers die Melancholie.

Stufen

Hast du noch nie empfunden: es muss anders werden! Wenn du z.B. im Walde saßest und die lieben Bäume und Gräser um dich herum sahest, von denen dich doch so ein Weltabgrund der Nichterkenntnis schied! Was waren sie eigentlich, wo war ihre Seele, wo war der Punkt, in dem ihr euch brüderlich treffen konntet, nicht nur in dumpfer Liebe von deiner Seite, sondern euch gleichsam ins gottgeschwisterliche Auge schauend? Wäre es nicht unsinnig, wenn es in einer Welt, so weit und verschwenderisch angelegt, immer so bliebe, nie anders würde? Muss es nicht anders werden? Und löst diese Not und Notwendigkeit nicht etwas in dir, das sagt: Ja, es muss besser werden und ich will Tag um Tag dem Geist und den Geistern der Dinge entgegengehen, sind sie doch gewiss auch schon längst auf dem Wege zu mir.

Stufen

Sich immer am Leben korrigieren.

Stufen

Es gibt keine Dokumente, die das Leben irgendwie festnageln könnten, dass man dächte: Jetzt hast du's. Nie hat man's, es ist größer und reicher als alle Dokumente, weil es unendlich ist und nicht unter ein paar Buchstaben zu rubrizieren.

Briefe

Was wäre wohl aus der Welt geworden, wenn alle zum Mitschaffen Aufgerufenen immer gleich »schnurstracks« auf ihr Ziel losgegangen wären. Alle Weisheit ist langsam, alles Schaffen ist umständlich.

Stufen

Der Mensch ist mein Fach und hier will ich bis zum Äußersten gehen. Wenn ihr aber sagt: Dagegen wendet der Politiker dies ein und dagegen der Historiker dies und dagegen der Nationalökonom dies, so erwidere ich: Lasst auch sie ihr Fach bis

zum Äußersten treiben. Ihr Fach ist der Mensch in irgendeiner sozialen Form, das meine der Mensch an sich, der Mensch als inkommensurables Wesen.
In me ipsum

Wenn man zum Leben ja sagt und das Leben selber sagt zu einem nein, so muss man auch zu diesem Nein ja sagen.
Stufen

Ich will den Menschen nicht schiffbrüchig sehen, aber er sollte dessen bewusst sein, dass er auf einem Meere fährt.
Weltbild: Episode

Wir haben heute Ehrfurcht vor den Bewohnern eines Wassertropfens, aber vor dem Menschen haben wir immer noch keine Ehrfurcht.
Stufen

Die Natur ist die große Ruhe gegenüber unserer Beweglichkeit. Darum wird sie der Mensch immer mehr lieben, je feiner und beweglicher er werden wird. Sie gibt ihm die großen Züge, die weiten Perspektiven und zugleich das Bild einer bei aller unermüdlichen Entwickelung erhabenen Gelassenheit.

Stufen

Die Verschwendung der Natur ist zu groß. Und das ist das Bitterste: Unsere anklagenden Gedanken, und seien sie noch so erhaben, sind nur wie namenlose gleichgültige Vögel, die gegen ein kristallumpanzertes Feuer prallen, um ohnmächtig und ruhmlos in die Nacht hinabzufallen, vertan, verschwendet wie das Wesen, das sie gebar.

Stufen

Was uns allen zumeist fehlt, ist das tiefe, dauernde Bewusstsein des wirklichen Elends auf Erden,

sonst würden wir über den Gefühlen einerseits des Mitleids, andrerseits des Dankes ganz der kleinlichen Misere des eigenen Lebens vergessen.
Stufen

Jeder von uns hat etwas Unbehauenes, Unerlöstes in sich, daran unaufhörlich zu arbeiten seine heimlichste Lebensaufgabe bleibt.
Stufen

Die Welt ist nicht bloß Pflanze oder Tier, sondern – Mensch!
Weltbild: Am Tor

Das Leben zeugt Blumen und Bienen. Blumen, das sind die schöpferischen Geister und Bienen die andern, die daraus Honig sammeln.
Stufen

Ich bin wie eine Brieftaube, die man vom Urquell der Dinge in ein fernes, fremdes Land getragen und dort freigelassen hat. Sie trachtet ihr ganzes Leben nach der einstigen Heimat, ruhlos durchmisst sie das Land nach allen Seiten. Und oft fällt sie zu Boden in ihrer großen Müdigkeit und man kommt, hebt sie auf, pflegt sie und will sie ans Haus gewöhnen. Aber sobald sie die Flügel nur wieder fühlt, fliegt sie von Neuem fort, auf die einzige Fahrt, die ihrer Sehnsucht genügt, die unvermeidliche Suche nach dem Ort ihres Ursprungs.

In me ipsum

Die Menschheit ist nur eine Korrektur des Menschen.

Weltbild: Episode

Wie könnten wir die große Selbstkorrektur des Lebens anders als ahnungsvoll verfolgen?

Stufen

Warum sollte dies mein Leben ein Anfang oder Ende sein, da doch nichts ein Anfang oder Ende ist. Warum nicht einfach eine Fortsetzung, der unzähliges Wesensgleiche vorangegangen ist und unzähliges Wesensgleiche folgen wird.

Weltbild: Am Tor

Für den Trägen gibt es nichts Aufreizenderes als die unaufhörlich fortschreitende Zeit. Er fühlt, wie sie über ihn hinweggeht ...

Stufen

So wie »ich« von Sekunde zu Sekunde lebe und mir dessen bewusst bin (aber das alles ist nicht ich, das ist die Unendlichkeit, die in mir fortwährend weiterlebt), so lebt die gesamte Wirklichkeit wie ein einziger gigantischer Körper in ihrer eigenen, von mir ihr vermittelten Vorstellung von Sekunde zu Sekunde.

Weltbild: Am Tor

Ich bin wie eine Uhr, die sich jeden Tag von Neuem richten muss, weil sie jeden Tag immer wieder von Neuem nachgeht.

In me ipsum

Siehe eine Sanduhr: Da lässt sich nichts durch Rütteln und Schütteln erreichen, du musst geduldig warten, bis der Sand, Körnlein um Körnlein, aus dem einen Trichter in den andern gelaufen ist.

Stufen

Wie die Nacht über einen Tod zieht, so zieht Vergessenheitsnacht allnächtlich über mein Gehirn. Ja, oft hat ein Tag so viele Tage und Nächte wie bei andern wohl oft Wochen und Monate. Wenn mich jemand hypnotisierte, ich sei eine Mücke und hätte nur einen Tag zu leben, so glaube ich wohl, dass dieser Tag für mich ein ganzes Leben werden könnte.

In me ipsum

Denn gefährlich ist die Maxime, der du in dir Gehör gibst, dieses: Ist's nicht heute, ist's morgen; es wird schon alles so kommen, wie es kommen soll und gut ist usw. Und: In solchen Dingen bedarf's keiner Eile; ich habe Zeit usw. Wer von uns darf wirklich sagen: Ich habe Zeit!

Briefe

Schicksalsspruch

Unhemmbar rinnt und reißt der Strom der Zeit,
in dem wir gleich verstreuten Blumen
   schwimmen,
unhemmbar braust und fegt der Sturm der Zeit,
wir riefen kaum, verweht sind unsre Stimmen.

Ein kurzer Augenaufschlag ist der Mensch,
den ewige Kraft auf ihre Werke tut,
ein Blinzeln – der Geschlechter lange Reihn,
ein Blick – des Erdballs Werdnis und Verglut.

Epigramme

Mein ganzes Leben lang suche ich den Stachel, den ich hier ins träge Fleisch drücken könnte – und finde ihn nicht.

In me ipsum

Glück? Sollst du Glück haben? Wünsche ich dir auch nur eine Spur von Glück – wenn sie nicht deinen Wert erhöhte? Wert wünsche ich dir.

Stufen

Blicke um dich ins Leben, zergliedere die Schicksale jedes Einzelnen derer, die du kennst, und frage dich, ob es etwas andres als eine fast unerklärliche Illusion ist, die alle diese Menschen das Leben als lebenswert empfinden ... lässt. Ob das große Glück eine andere Rolle spielt als die eines zeitweisen Wetterleuchtens, ob nicht vielmehr die Gewohnheit und das kleine ... Glück es ist, was dem Menschen das wahre Gesicht seiner Tage verschleiert.

Stufen

Möglichst viel Glück sagt man. Aber wie, wenn die höchste Glücksempfindung einen Menschen voraussetzte, der auch Allertiefstes gelitten haben muss? Wenn Glücksgefühl überhaupt erst möglich wäre in einem durch Lust und Unlust gereiften Herzen? Wer möglichst viel Glücksmöglichkeiten fordert, muss auch möglichst viel Unglück fordern oder er negiert ihre Grundbedingungen.

Stufen

Es ist das Unglück, dass Würde und Feinheit von Gedanken oft von den Raumverhältnissen eines Zimmers, einer beglückenden Fensteraussicht, einem gewissen Maß von Licht und Farbe abhängig sind, sodass einer, der sein Leben lang in einer Art von länglichen Schachteln gehaust hat und eines Tages ein edel proportioniertes Gemach betritt, sich zu glauben geneigt findet, wie viel er vielleicht allein durch den Charakter seiner Wohnräume geistig verloren haben könnte.

Stufen

Ich möchte sagen, dass ich immer noch im und
vom Sonnenschein meiner Kindheit lebe.
In me ipsum

In so vielem
Wie hat man oft im tiefsten Mark
gefühlt: nein, nein und aber nein!
Aber das Leben ist so stark,
es reißt einen immer wieder hinein.
Melancholie

Ich möchte nicht leben, wenn Ich nicht lebte.
In me ipsum

Im Himmel, könnte man sagen, wird es wenigs-
tens keine Briefe mehr geben. Man wird zwar seine
sämtlichen Briefträger dort wiederfinden – denn
der Briefträger kommt eo ipso in den Himmel –,
aber sie werden alle selige Engel und außer Dienst

sein und nicht mehr das unberechenbare Schicksal deiner Tage und Nächte.
Stufen

Für Pflanze und Tier gibt es das Wort ewig nicht und daher auch keine Ewigkeit. Es sollte sie auch für uns nicht geben. Wir sind. Wir werden nie sein, ebenso wenig, wie wir je waren. Die Ewigkeit ist in jedem Moment »gelebte Gegenwart« – oder sie ist nicht.
Weltbild: Am Tor

Muss nicht der Tod etwas sein, ohne das der Mensch nicht leben möchte? Ohne das er es nicht aushielte zu leben? Nein, ich will nicht unwillig sterben, ich will freudig und dankbar sterben, dankbar für die Möglichkeit, mich denen anreihen zu dürfen, welche als Opfer gefallen sind, um mit ihnen und für sie gegen die Lebendigen zu protestieren, welche die Erde zu einem schlechteren und unanständigeren Aufenthalt machen als das Grab.

Stufen

Mein Tod ist meine Wahrheit wie dein Tod die Deinige. Wenn ich als Individuum sterbe, bejahe ich mich als Welt. Denn mein Tod als solcher ist dem Leben des Ganzen notwendig und da ich selbst der Teil wie das Ganze bin, ist mein Tod mir selber notwendig. Was aber meine Notwendigkeit ist, ist auch meine Wahrheit; denn Notwendigkeit ist höchste Bejahung und höchste Bejahung Wahrheit.

Weltbild: Episode

Wenn ich heute stürbe, glaube ich, alt genug geworden zu sein. Ich bin dann wenigstens alt genug geworden, um sterben zu können.

In me ipsum

Wenn ich aber tot sein werde, so tut mir die Liebe und kratzt nicht alles hervor, was ich je gesagt, geschrieben oder getan. Glaubet nicht, dass in der Breite meines Lebens das liegt, was euch wahrhaft dienlich sein kann.

Isst man denn an einem Apfel auch alles mit: die Kerne, das Kerngehäuse, die Schale, den Stengel? Also lernt auch mich essen und schlingt mich nicht hinunter mit alledem, was nun zwar zu mir gehört und gehörte, aber von dem ich selbst so wenig wissen will, wie ihr davon sollt wissen wollen. Lasst mein allzuvergänglich Teil ruhen und zerfallen: Dann erst liebt ihr mich wirklich, habt ihr mich wirklich verstanden.

In me ipsum

Es gibt einen Gedanken, der unsere ganze Lebensführung und Betrachtung verändern würde: die Gewissheit unserer Unzerstörbarkeit durch den Tod.

Stufen

Der Weise verzichtet auf alles, worauf sich irgend verzichten lässt; denn er weiß, dass jedes Ding eine Wolke von Unfrieden um sich hat.
Stufen

Denke dir einen Teppich aus Wasser. Und als die Stickerei dieses Teppichs die Geschichte des Menschen.
Weltbild: Episode

Ein Käfig aber ist der Zustand, in den die neueren Menschen mehr und mehr hineingeraten sind und vor dessen Gitterstäben sie mehr und mehr ihre Fassung vertieren. Sein Name ist Unwissenheit und sein Endaspekt, denn er zieht sich unerbittlich weiter und weiter zusammen, der Sarg des lebendig Begrabenen. Nie war der Mensch so unwissend wie heute. Verloren hat er sein instinktives Schauen, das ihn dereinst mit dem Übersinnlichen verband, verloren hat er den Glauben, der ihm jenes ersetzte, gewonnen zunächst nichts als Wissen von heut auf morgen, Museums-Wissen ohne Zusammenhang mit dem Weltganzen und damit zur Unfruchtbarkeit verurteilt und zur Unfruchtbarmachung alles dessen, was er berührt.

Suffragette

Der Mann mit Luftballons: Ideale! Kauft Ideale!

Stufen

Mir ist mein ganzes Leben zu Mut, als ginge mein Weg oft an der Hecke des Paradieses vorbei. Dann streift mich warmer Hauch, dann mein' ich, Rosen zu sehn und zu atmen, ein süßer Ton rührt mich zu Tränen, auf der Stirn liegt es mir wie eine liebe, friedegebende Hand – sekundenlang. So streife ich oft vorbei an der Hecke des Paradieses …

In me ipsum

VON DER
LIEBE

O tiefe Liebe, die mich zu allem beseelt.
In me ipsum

Unten am Fenster ging Meta vorüber. Mein Herz klopfte hörbar. Es klopfte so heftig, dass ich unwillkürlich »Herein!« sagte. Und das Tor meiner Traumwelt tat sich ein ganz klein wenig auf und herein schlüpfte: die Liebe.
Stufen

Es gibt in Wahrheit kein letztes Verständnis ohne Liebe.
Stufen

Liebe, wie ich sie verstehe, gibt es nur einmal, und ich würde dir daher nie von Liebe ernsthaft geredet haben, wenn sie in meinem Leben schon dagewesen wäre. Was da war, war dies und das; Zärtlichkeitsbedürfnis wohl vor allem. Anmuts-

verehrung. Rührung. Nie Leidenschaft. Damit aber
fängt Liebe doch wohl erst an.
Briefe

Der Seufzer

Ein Seufzer lief Schlittschuh auf nächtlichem Eis
und träumte von Liebe und Freude.
Es war an dem Stadtwall und schneeweiß
glänzten die Stadtwallgebäude.
Der Seufzer dacht' an ein Maidelein
und blieb erglühend stehen.
Da schmolz die Eisbahn unter ihm ein –
und er sank – und ward nimmer gesehen.
Galgenlieder

Wenn ich das Gegenwärtige nicht so liebte, wenn
ich diese Liebe nicht hätte wie einen großen und
sicheren Fallschirm, ich wäre längst ins Bodenlose
gefallen.
In me ipsum

Der Geist baut das Luftschiff, die Liebe aber macht gen Himmel fahren.
Stufen

Wir sind alle hart und äußerlich zueinander, auch wenn wir noch so sehr aufeinander einzugehen trachten; aber wenn wir getrennt in unsern Zimmern liegen und nachts der Regen herniederfließt, dann suchen wir uns im Geiste mit zärtlicher, bereuender Teilnahme, dann drängen wir uns aneinander wie unwissende und zusammenschauernde Preisgegebne auf dunklem Meer, dann liebkosen und trösten sich unsere Seelen, die der erkältende Tag wieder verstocken und verhärten wird, dann lieben wir wirklich einander mit einer tiefen, schwermütigen, unbezwinglichen Liebe.
Stufen

Es ist schön, zu denken, dass so viele Menschen
heilig sind in den Augen derer, die sie lieben.
Stufen

Schön ist eigentlich alles, was man mit Liebe be-
trachtet. Je mehr jemand die Welt liebt, desto schö-
ner wird er sie finden.
Stufen

Der moderne Mensch »läuft« zu leicht »heiß«.
Ihm fehlt zu sehr das Öl der Liebe.
Stufen

Lehre

Der kann von Liebe nicht reden,
dem sie nimmer Verlust und Gewinn war –
dem sie nie irgendwann im Sinn war
von allem und jeden.
Melancholie

Das sind die zwei Blumen des Lebens: das Schaffen und die Liebe. Und nie wird wohl jemand ergründen, ob Gott sich als Welt schafft um der Liebe willen oder ob er liebt um des Schaffens willen.
Stufen

Wie macht das Gefühl bloßen Sichnaheseins Liebende schon glücklich.
Stufen

In diesen Erzählungen von Liebe sehe ich immer nur eines: die Liebe als Selbstpreis. Selten oder nie, dass diese Menschen durch ihre Liebe zu einander wachsen wollen, dass sie sich über sich hinaus lieben. Daher denn auch die Übersättigung, ja der Ekel, der einen nach und vor derlei erfasst, ein Verlangen, es möchte doch auch hier endlich eine neue Optik Platz greifen, eine tiefere, religiösere Betrachtung des Liebeslebens.
Stufen

Man verliebt sich oft nur in einen Zustand des andern, in seine Heiterkeit oder in seine Schwermut. Schwindet dieser Zustand dann, so ist damit auch der feine besondere Reiz jenes Menschen geschwunden. Daher die vielen Enttäuschungen.
Stufen

Die Menschen sollen einander lieben, aber damit ist nicht gesagt, dass ihnen dies nicht so schwer wie möglich gemacht wird und fallen soll, denn es gibt keine wohlfeile Liebe. Es gibt nirgends im Kosmos des Kreuzes billige Errungenschaften, und wie wäre er sonst auch seines Meisters und seiner Bestimmung würdig.
Weltbild: Am Tor

Es gibt nur einen Fortschritt, nämlich den in der Liebe; aber er führt in die Seligkeit Gottes selber hinein.
Stufen

Wie mancher muss sich auf Kosten seiner Vergangenheit lieben lassen. Diese Vergangenheit hat ihm vielleicht ein gutartiges Gesicht gegeben. Älter werdend aber erkennt er mehr und mehr auch das Böse in sich. Nun aber hängt ihm seine Miene wie ein Schild vor, das nur die eine Seite seines Wesens anzeigt.

Stufen

Dankbarkeit und Liebe sind Geschwister.
Dankbarkeit ist Liebe, mild doch stet.
Wer ein Liebender durchs Leben geht,
auch ein Dankender für alles ist er.
Melancholie

Der Mensch hat die Liebe als Lösung der Menschheitsfrage einstweilen zurückgestellt und versucht es augenblicklich zunächst mit der Sachlichkeit.
Stufen

Vor einem halbbeschneiten Berge: So ist mancher von uns halb noch im Schnee der Kühle, Kälte. Dann taut die Sonne den Schnee weg; aber in diese und jene Grube vermag sie nicht vorzudringen; weiße, unvertilgbare Flecken bleiben zurück: Nie werden wir ganz frei von jedem Rest von Lieblosigkeit, nie ganz Liebe – solang wir noch dieser Berg sind.

Stufen

Es gibt noch eine größere Liebe als die nach dem Besitz des geliebten Gegenstandes sich sehnende: die die geliebte Seele erlösen wollende. Und diese Liebe ist so göttlich schön, dass es nichts Schöneres auf Erden gibt.

Stufen

Ihr messt jedem sein Maß Liebe zu: dem drei Viertel, dem zwei Viertel, dem ein Viertel, dem nichts. Davon verstehe ich nichts. Ich kann nicht messen und meine Seele ist immer da am eifrigsten, wo ich sehe, dass eure sich spart und sperrt.

In me ipsum

Ich meine, es müsste einmal ein sehr großer Schmerz über die Menschen kommen, wenn sie erkennen, dass sie sich nicht geliebt haben, wie sie sich hätten lieben können.

Stufen

Man liebt ja Blumen, Steine, Tiere – ist der Mensch der Liebe weniger würdig?

Stufen

Es gibt nichts Schwereres, als einen Menschen, den man liebt, einen Weg gehen lassen zu müssen, der zur nächsten Stadt führt, statt auf den nächsten Gipfel.

Stufen

Jetzt bist du da, dann bist du dort.
Jetzt bist du nah, dann bist du fort.
Kannst du's fassen? Und über eine Zeit
gehen wir beide die Ewigkeit
dahin – dorthin. Und was blieb? ...
Komm, schließ die Augen und hab mich lieb!
Melancholie

Schließt denn Erkenntnis die Liebe aus? Oder
ist es nicht vielmehr so: je mehr Erkennen, desto
mehr Liebe?
Stufen

Mein Herz kommt mir heut vor wie ein Pfeffer-
kuchenherz, das lange im Nassen gelegen hat.
In me ipsum

Umschnalle dein Herz mit Schweigen.
Stufen

VON DER LUST
DES ERKENNENS

Die Welt ist nur eine Form des Menschen.
Stufen

Die ganze Schöpfung liegt da wie ein Buch, in dessen Blätter die ewige Notwendigkeit mit ehernem Griffel den Weltenplan eingegraben.
Weltbild: Anstieg

Es ist wohl gerade in unserer aufgeregten Epoche mehr denn je nötig, den Blick aus den Tagesaffären emporzuheben und ihn von der Tageszeitung weg auf jene ewige Zeitung zu richten, deren Buchstaben die Sterne sind, deren Inhalt die Liebe und deren Verfasser Gott ist.
Weltbild: Anstieg

Geburtsakt der Philosophie
Erschrocken staunt der Heide Schaf mich an,
als sähs in mir den ersten Menschenmann.

Sein Blick steckt an; wir stehen wie im Schlaf;
Mir ist, ich säh zum ersten Mal ein Schaf.
Palmström

Nur wer die Welt bis auf den Grund zersetzt, dass ihm der Schaum durch arme Finger rann, versteht, was Mensch, was Leben heißt, nur ihm sind aller Freuden Tiefen offenbart.
Epigramme

Betrachte die Welt: Alles wesentlich, alles unwesentlich. Unwesentlich die Mücke, wesentlich der Mensch; unwesentlich der Mensch, wesentlich die Menschheit; unwesentlich die Menschheit, wesentlich das Universum; unwesentlich das Universum, wesentlich –
Weltbild: Episode

Jeder Menschenkopf ist eine Sonne und seine Gedanken sind die überall hindringenden unsichtbaren Strahlen.

Könnten wir sie, wie bei der Sonne, mit unseren leiblichen Augen schauen, so würden sie uns in ihrer Gesamtheit erscheinen wie ein großer Lichtkreis, an dessen Ausdehnung und Leuchtkraft leicht zu erkennen wäre, einen Stern wievielter Größe wir vor uns haben.

Stufen

Philosophien sind Schwimmgürtel, gefügt aus dem Kork der Sprache.

Im Spiegelkerker

Palmström, dem schon frühe solches kund,
füllt entsprechend eines Zimmers Wände,
und als Maler großer Gegenstände
macht er dort begeistert Fund auf Fund.

Palmström

Immer bewusster sich konzentrieren lernen. Alles Flatternde und Flackernde in mir überwinden. An jeden guten Gedanken, jede gute Empfindung einen Stein hängen, sie verankern. Damit zusammenhängend: sesshaft werden, Tempobändigung, Tempobeherrschung.
In me ipsum

Nur der Erkennende lebt.
Stufen

Alles Denken ist Zurechtmachen.
Stufen

Wer die Welt zu sehr liebt, kommt nicht dazu, über sie nachzudenken; wer sie zu wenig liebt, kann nicht gründlich genug über sie denken.
Stufen

Bilder, die man aufhängt umgekehrt,
mit dem Kopf nach unten, Fuß nach oben,
ändern oft verwunderlich den Wert,
weil ins Reich der Phantasie erhoben.
Palmström

Jedes Mal wieder, wenn man so recht in die »Welt« hineindenkt, kommen einem alle menschlichen Gedanken darüber vor wie Kinderstammeln, was sage ich, wie Bewegungen von Insekten, die von der Spitze ihres Grashalms in die Luft hinaustasten. Und das gilt nicht nur von gewöhnlichen Gedanken, das gilt ebenso von den tiefsten Gedanken unsrer fähigsten Köpfe. Nur dass wir durch unsere Sinne die Welt so vereinfacht – besser vielleicht von einem Unendlichfachen auf ein Fünffaches gebracht – haben, ermöglicht uns, in ihr mit so festen Schritten zu wandeln; nur dass wir meinen, »die Welt« in Wahrheit vor uns zu haben wie ein gewaltiges Gemälde, das – wenn auch nur im

Großen – so sei, wie wir es sehen, ermöglicht den ganzen Schatz menschlich-bürgerlichen Hochgefühls, die Freudigkeit des Tatmenschen, den tragischen Stolz des Philosophen, die königlichen Empfindungen des Künstlers. Unsre Armut ist es, die uns reich macht, unsere Beschränktheit, der wir das Gefühl unbeschränkter Entwicklungsfähigkeit verdanken. Aber umsonst. Irgendeinmal und dann immer wieder wird – wenn auch nur blitzartig – die Armut als Armut, die Beschränktheit als Beschränktheit erkannt; die großartige Illusion zerreißt und die Geschichte der Erde und seines Bewohners entpuppt sich in der Riesensaison des »Universums« als – bürgerliches Schauspiel, eines unter unzähligen, Verfasser unbekannt, Wert indifferent.

Stufen

Das Ich ist die Spitze eines Kegels, dessen Boden das All ist.

Stufen

Die Weltanschauungen mancher Menschen gleichen lächelnden Festungen.
Stufen

Der Irrtum ist das formbildende Prinzip. Wahrheit kann nur als Irrtum zur Erscheinung kommen. Alles Daseiende selbst ist Irrtum, aber Gott entwickelt sich, wird (ist) nur dadurch, dass er sich beständig »verrennt«, verstrickt, verwickelt, zu Knoten schürzt, dass er sich selbst beständig Stationen schafft. Er würde wie ein Meer ins Unendliche verfließen – wenn er sich nicht fortwährend selbst im Netz gleichsam der Einzelerscheinung finge, diese Netzerscheinung wie als ein bereits Endgültiges zu höchster relativer Vollkommenheit emportriebe: um, wenn das ursprüngliche Netz sozusagen völlig in sie hineingenommen, nun den Persönlichkeitskern als Eigengewinn davon zurückzubehalten, das andere wieder zerfallen zu lassen.
Weltbild: Episode

Täuschung

Menschen stehn vor einem Haus –
nein, nicht Menschen – Bäume.
Menschen, folgert Otto draus,
sind drum nichts als – Träume.

Alles ist vielleicht nicht klar,
nichts vielleicht erklärlich,
und somit, was ist, wird, war,
schlimmstenfalls entbehrlich.

Galgenlieder

Weshalb sollte man sich nicht damit abfinden,
in einer gemäßigten, sehr gemäßigten Landschaft
zu leben, da man doch nur den Blick zu erheben
braucht, um ins völlig Ungemäßigte zu stürzen,
und nur die Gedanken, um zu fühlen wie wenig es
verschlägt, im wilden Ozean des ewig Ungewissen
auf einem gehobelten Brett oder einem entwurzel-
ten Baumstamm zu treiben.

Stufen

Wenn die Mehrzahl der Menschen das Kleine nicht so viel wichtiger nähme als das Große, würde das Große nie auf seine Rechnung kommen. Wenn der Mensch sich mehr um den Himmel als um die Erde kümmerte, würde nicht nur die Erde, sondern auch der Himmel verkümmern. Der Geist ist nicht umsonst in die Materie herabgestiegen.
Stufen

Spekulativ

Palmström sieht die Dinge gern im Spiegel,
und zumal ergötzt ihn das Gewölke
leichten Dampfs in dem kristallnen Grunde.

Und ihm schwant davor von Majas flügelhafter
Art, und vor dem Schalk der Schälke
löst sich Welt zum – Atem eines – – Mundes – – –
Palmström

Mein Hauptorgan ist das Auge. Alles geht bei mir durch das Auge ein.

In me ipsum

Die Welt, lieber Herr Professor, ist eine Privatangelegenheit Gottes. Und da Sie mit zur Welt gehören, so gehören Sie, wie jeder andere, ebenfalls ganz restlos in diese Privatangelegenheit hinein.

Weltbild: Episode

Alle Geheimnisse liegen in vollkommener Offenheit vor uns. Nur wir stufen uns gegen sie ab, vom Stein bis zum Seher. Es gibt kein Geheimnis an sich, es gibt nur Uneingeweihte aller Grade.

Stufen

Es gehört mit zum Seltsamsten, was es gibt: Das pure, lautere Gold liegt vor uns, um uns. Aber wir leben mit Blei, Kupfer, Zinn; von Minderem zu

schweigen. Wir haben die Wahrheit wie die Sonne über uns und folgen Schatten und Gespenstern.
Stufen

Man sieht oft etwas hundert Mal, tausend Mal, ehe man es zum allerersten Mal wirklich sieht.
Stufen

Das menschliche Denken ist wie eine trübe Flüssigkeit, die sich im Lauf der Jahrhunderte langsam klärt. Nach immer mehr Erklärung trachtet der Geist, aber das Ergebnis ist nur immer mehr – Klärung. Und zuletzt wird das Denken schön geworden sein, wie klarer Honig, klares Wasser, klare Luft.
Stufen

Optik! Optik! Wenn ihr euren ganzen »heutigen« Geist nur einmal von oben sehn könntet. Eure

Wissenschaft, eure Kunst, euer tägliches Leben! Nicht um dies alles gering schätzen, o nein, nichts weniger als gering, sondern um es richtig schätzen zu lernen. Eine Menschheit, die zu sich selbst und ihrem Treiben noch keine wirkliche Distanz gewonnen hat, ist unreif, so erwachsen sie sich auch sonst gebärden mag.

Stufen

Noch viel wunderbarer als der einfache Spiegel ist der durchsichtige Spiegel, z.B. ein Fenster, das auf eine Landschaft hinausgeht und in dem sich zugleich Gegenstände unseres Zimmers spiegeln.

Stufen

Nur im vorbereiteten Herzen kann ein neuer Gedanke Wurzel fassen und groß werden. Sich vorbereiten, sich zubereiten, den Acker lockern für das beste Korn, ist alles.

Stufen

Es ist ein seltsames Gefühl, senkrecht in die Erde zu unseren Füßen hineinzudenken. Man kommt nicht weit, die Phantasie erstickt buchstäblich.
Stufen

Es ist unbeschreiblich, auf was alles die Menschen nicht kommen. In den gewöhnlichsten Verhältnissen.
Stufen

Keine Gegend setzt sich aus andern Elementen zusammen als den uns bekannten. Das wissen wir und doch spielen wir damit, in einer Landschaft Geheimnisse zu vermuten, so lange wir sie noch nicht genau kennen.
Stufen

Wenn du die Lage einer Hütte auf einem Berge betrachtest, so machst du leicht deinen Standpunkt zu dem ihrigen, uneingedenk dessen, dass sich die Welt von da droben ganz anders ausnimmt als von dir aus. Ja, dies verhält sich bis zu einem gewissen Grade selbst dann noch so, wenn du dich mit aller Einbildungskraft auf ihren Standpunkt zu versetzen bemühst. Um einen Standpunkt ganz verstehen und würdigen zu können, muss man diesen Standpunkt selbst einnehmen oder wenigstens einmal eingenommen haben.

Weltbild: Am Tor

Der Mensch ist ein in einem Spiegelkerker Gefangener.

Stufen

Eine Wahrheit kann erst wirken, wenn der Empfänger für sie reif ist. Nicht an der Wahrheit liegt es daher, wenn die Menschen noch so voller Unweisheit sind.

Stufen

Überall dem Selbstverständlichen zum Wort verhelfen – das ist ein großes Geheimnis.
Stufen

Worte
Worte sind wie Rettungsringe,
die dem Leben dienen;
auf den tiefen Grund der Dinge
kommst du schwer mit ihnen.
Melancholie

Wenn einer heute in zehn Büchern dargetan, dass der Mensch nichts wissen könne über Gott und die Welt, dann nennt er sich, dann nennt ihn seine Mitwelt einen »Wissenden« und erbringt damit den Beweis, dass man zehn Bücher schreiben und zehn Bücher lesen und doch noch nicht so weit sein kann, sich folgerichtig auszudrücken.
Stufen

Inmitten unzähligem Hin- und Herreden der Einzelnen wächst still und groß das ewige Weisheitsgut der Menschen weiter.

Stufen

Wie mancher Steinregen im Hochgebirge verdankt dem Klettern einer Gemse seinen Ursprung. Dies bedenke auch du, der du auf Gedankenbergen herumkletterst, und freue dich dessen oder mache dir Vorwürfe darüber oder beides zugleich, je nachdem du geartet bist.

Stufen

Es ist eine oft zu machende Wahrnehmung, dass wir uns in der Beurteilung irgendeiner großen Idee weniger durch ihre Gegner als durch den Schwarm ihrer sogenannten Freunde und Verteidiger beirren lassen.

Wir müssten uns daher stets klar vor Augen halten, dass eine große Wahrheit ganz und gar unabhängig von allem Menschenwerk ist, dass weder Lob noch Tadel ihren Wert irgendwie verändern kann, dass sie vielmehr ewig gleich, ewig erhaben und ewig gültig ist. Nur wie sie sich in den Seelen der Menschen widerspiegelt, ist verschieden und zugleich ein untrüglicher Maßstab für die Reinheit und Tiefe unseres sittlichen Bewusstseins. Ist nicht die Religion das beste Beispiel dafür? Oder gibt es keine Sonne, weil sie uns oft von Wolken verdeckt ist?

Stufen

Lachen und Lächeln sind Tor und Pforte, durch die viel Gutes in den Menschen hineinhuschen kann.

Stufen

Nur im Fluss bleiben, nur nicht zur Spinne eines Gedankens werden.

Stufen

Die Menschen haben sich daran gewöhnt, von hinten nach vorn, statt von vorn nach hinten zu denken.
Stufen

Jeder muss seinen Mann haben, der ihm über die Schulter sieht, und dieser wieder seinen und so fort. Das ist nur gut und billig; so allein kommt der Mensch vorwärts.
Stufen

Wie kann man sagen: Dies und das kommt hierher und daher; da doch alles überallher kommt.
Weltbild: Am Tor

Alles Denken ist wesentlich optimistisch. Der vollendete Pessimist würde verstummen und – sterben.
Stufen

Wenn jemand von einer Philosophie der Ameisen reden würde, so möchte er wohl fröhlichem Lachen begegnen. Aber ist die Philosophie der Menschen wirklich etwas so sehr, sehr anderes, als eine Philosophie der Ameisen wäre?

Ja ja, mein Lieber, wenn es die Menschen nur nicht zu dem einen Gedanken gebracht hätten: Alles ist mir nur insoweit bekannt, als es meine Vorstellung ist.

Dieser Gedanke, der ihm alles zu nehmen scheint, gibt ihm zugleich das Recht, sich selbst dem Sternenhimmel gegenüber zu behaupten, denn das Bewusstsein, dass alles, was er da erkennt, nur ein Bild in ihm ist, ja, noch mehr, dass dies »er selbst« nur ein Bild – soll er sagen sein Bild? – ist, erlaubt ihm, deinem Ameisengleichnis den Stachel zu nehmen so gut wie dem Eindruck gestirnter Ewigkeit. Die Rechnung steht nun für ihn so: Auf der einen Seite »alles Seiende« als Bild. Auf der andern das, welches »all dies Seiende zusamt sich selbst« – als Bild empfindet.

Stufen

Ich definiere den Humor als die Betrachtungsweise des Endlichen vom Standpunkt des Unendlichen aus.

Oder: Humor ist das Bewusstwerden des Gegensatzes zwischen Ding an sich und Erscheinung und die hieraus entspringende souveräne Weltbetrachtung, welche die gesamte Erscheinungswelt vom Größten bis zum Kleinsten mit gleichem Mitgefühl umschließt, ohne ihr jedoch einen anderen als relativen Gehalt und Wert zugestehen zu können.

Stufen

Alles Festlegen verarmt.
Stufen

Wenn ich wüsste, welches Wort der Erde keine Vorstellung enthielte, so würde ich es dazu gebrauchen, das Wort Vorstellung zu überwinden. Aber dieses Wort Vorstellung bleibt zuletzt als einziges auf dem obersten Siebe liegen, das alle andern passiert haben.

Nur glaube man nicht, damit etwas anfangen zu können. Denn wenn ich sage: Die Welt ist meine Vorstellung, so sage ich damit nichts andres als: Eine Vorstellung ist meine Vorstellung. Es gibt keinen Weg hinaus, es gibt nur einen Weg hinein.

Stufen

Ich glaube, unsere Erde hat ihr Ebenbild in jedem Baum, in jeder Blume. Ein Keim fiel in einen Grund, ging auf, entwickelte sich zu Pracht und Duft – und wird, was man so nennt, absterben, wenn er seinen Gang vollendet. Ist Schönheit und Duft einer Rose etwas Geringeres als Schönheit und Duft der großen Erdenblume? Und welkt, wenn die Rose welkt, minder Tragisches dahin, als wenn dieser Erdball einst vergehen wird? – Wachstum ist alles, das Wort »wächst« vielleicht das letzte mögliche Wort. Und wie es unendlich viel Bäume und Blumen gibt, so unendlich viel Welten und Gestirne, keine, keines gleicht dem andern – und so wäre der Paradiesesgarten als Ewigkeitsgarten abermals stabilisiert. Eine Phantasie, groß genug. Ein Bild für Gott, immerhin unzerreißbar von menschlichen Kinderhänden. Eine Vorstellung, eine Erahnung, wohl nicht stärker, nicht deutlicher als der kaum erhaschte Duft einer von einem Berggipfel in einen Bergabgrund geworfenen Rose, deren an dir Vorüberfall du auf einer vorspringenden Felskante wie ein blitzartiges Wunder erlebst. Aber doch eben das, und als das, etwas. –

Weltbild: Episode

Ihr wollt alle nur die Liebe zur Möglichkeit haben. Ich habe nur die Liebe zur Unmöglichkeit.

Stufen

Die Wissenschaft ist nur eine Episode der Religion. Und nicht einmal eine wesentliche.

Stufen

VON GOTT
UND DER WELT

Ausgraben will ich meiner Seele Schacht.
In me ipsum

Gott ist nur der Lebensfunke.« Schön. Dieser Funke aber bildet Sterne und Gehirne. Ja, er legt mir selbst das Wort Gott über sich in den Mund. Und so brauch ich's denn.
Weltbild: Episode

Das ist es: Alle die andern beschäftigen sich mit »Gott«. Ich wage zu sagen: Ich – bin – das, was wir Gott nennen – selbst. Wer das versteht, aber auch nur der, weiß, was ich meine, wenn ich von »meinem Ernste« spreche.
In me ipsum

Jede Landschaft hat ihre eigene besondere Seele, wie ein Mensch, dem du gegenüberlebst. Dies wirst du am deutlichsten empfinden, wenn du den

Eindruck einer gegenwärtigen mit dem wieder-
beschworenen vergleichst, den eine andere, frü-
here, deiner Seele eingeprägt hat. Etwa wenn du
einen Ausschnitt der gegenwärtigen betrachtest,
der recht gut auch jener vergangenen angehören
könnte, sodass dir eine Weile so unheimlich zu-
mute wird, als glaubtest du die Hand eines Abwe-
senden oder gar Verstorbenen zu halten, während
es doch, wie du weißt, die des dir Gegenüberste-
henden ist.

Stufen

Dass die Welt eine – richtig verstanden – Gedacht-
heit Gottes ist, erscheint uns nur darum so fremd,
weil unsere Gedanken so blass und schemenhaft
sind. Wenn wir denken, so denken wir Schatten.
Gott denkt Realität. In Ihm ist daher Denken und
Welt eins.

Weltbild: Am Tor

Durch die Natur beruhigt sich Gott selbst immer wieder. Wehe, wenn er als Mensch in dem unseligen Fieber der Zivilisation sich selbst als Natur zerstört haben wird.

Stufen

Was tut die Blume wohl mit Gott? Sie lässt sich Gott gefallen. In der Blume, als Blume träumt er seinen schönsten Traum, da widerstrebt ihm nichts.

Stufen

Ein verbummelter Hund, der auf eigene Faust jagt – und ein gehorchender treuer, bei allem Feuer durch innere Gesetze gezügelter Hund – zwei Stufen Gottes auch sie.

Stufen

Gott ist die Überwältigung unseres Innern durch die Unendlichkeit. Die Kapitulation des menschlichen Begriffsvermögens vor der Welt.

Weltbild: Episode

Religion ist Selbsterkenntnis des menschlichen, als eben damit göttlichen Geistes. Religion ist die Erkenntnis, dass alles Denken göttliches Denken ist, wie alle Natur göttliche Natur, dass jede Handlung eine Handlung Gottes, jeder Gedanke ein Gedanke Gottes ist, dass Gott nur soweit Gott ist, als er Welt ist, dass die Welt nichts anderes ist als Gott selbst – dass in demselben Augenblick, da ein Mensch sich seines Gottseins bewusst wird, Gott in ihm sich seiner selbst als Mensch bewusst wird.

Weltbild: Episode

Die Menschheit ist ein großes Kind, dem feindliche Mächte unaufhörlich neues Spielzeug schaffen helfen, damit es sich nicht wesentlich entbabysiere. Was muss sie dagegen tun? Das Spielzeug, soweit es irgend geht, spiritualisieren, statt sich von ihm materialisieren zu lassen.

Stufen

Gott ist die Welt im Einzelnen wie als Gesamtheit. Als Gesamtheit aber ist er vielleicht eine Zweiheit von Mann und Weib. Einheit als Gott, Zweiheit als Welt. Sagst du aber: Die Welt? das wäre wohl nicht genug, wenn nur das Gott wäre!, so frage ich: Weißt du, wo die Welt aufhört, dass du von genug und nicht genug redest? Wie kann etwas Un-Endliches noch-genug sein oder »nicht-genug«?

Das ist gewiss: Was auch von Gott, von Gottheit gedacht werden mag, kann auch noch nicht an den Saum des Mantels seines Ernstes rühren.

Weltbild: Episode

Unsere Zeit, welche die interessanten »Aberglauben« früherer Zeitalter selbstbewusst entwertet, ist selbst nur weniger interessant, keineswegs weniger abergläubisch, und wird einst ungleich anderer Nachsicht der Betrachtung bedürfen, wenn spätere Geschlechter eingesehen haben werden, dass dem Menschen, unbeschadet aller begreiflichen und jeweils sogar notwendigen Vordergrundsoptiken, als letzte Hintergrundstimmung doch nur Eines ziemt: Bei Gott kein Ding für unmöglich zu halten.

Stufen

A. Wo ist Gott ...

B. Du fragst, wo Gott ist?

A. Ja.

B. (auf A. deutend) Dort.

A. Wo? (dreht sich lächelnd um).

B. Ja, du musst dich nicht nur umwenden,
   du musst dich in dich hineinwenden.

A. Hineinwenden?

B. Ja. Siehst du diesen Handschuh?

A. Ja.

B. Das ist der Mensch. Und dies (stülpt den Handschuh um) ist Gott.

Weltbild: Episode

Nur die Formen wechseln. Der Toten Seele wird vielleicht schon wieder im Keim einer neuen vollkommeneren Form schlummern.

Stufen

Alles Lebendige unmittelbar als Gott zu fühlen kann nicht Größenwahn sein: Denn wenn ich mich als Entwickelungspunkt Gottes, als Gott in einer bestimmten Entwickelungsphase erkennen zu dürfen glaube, so gilt mir doch jeder Mitmensch, ja jedes lebendige Wesen überhaupt gleichfalls als Gott: sodass da nichts ist, was sich über andres überhöbe, oder nur in dem Sinne, wie sich Gedanken im selben Kopfe übereinander überheben.

Weltbild: Episode

Der »Glaube« – und dem entsprechend der Unglaube – an Gott gehört einer gewissen Periode der Menschheit an: Er ist – im tiefsten Ernst gesprochen und den Begriff Humor so geistig wie möglich gefasst – ein Kapitel ihres unfreiwilligen Humors. Es handelt sich in Wirklichkeit allein um das von Gott mögliche Maß von Wissen. Nicht um Gottesglauben, sondern Gottesforschung, Gotteswissenschaft.

Weltbild: Am Tor

Wir müssen uns davor hüten, ausschließlich mit der Menschheit unseres Planeten zu rechnen. Wir müssen annehmen, dass jeder mögliche Gedanke über Gott auch wirklich (von Gott) gedacht wird, gleichviel ob in unsern oder in Mars- oder Saturnköpfen, ja, dass es sehr wohl Planeten geben kann, auf denen Gott sozusagen leibhaftig im vollkommenen Bewusstsein seiner selbst lebt. Dass wir als die Phase Gottes, die wir sind, offenbar nur Gott in irgendeiner Phase darstellen, nicht zugleich in

seiner höchsten; wiewohl auch seine höchste nur eine »endliche« sein mag, indem das unendliche »Mysterium« nur im immerwährenden Endlichen unendlich bleiben kann.
Weltbild: Episode

Das Leben hat keinen Sinn als den Sinn – Gottes.
Weltbild: Episode

Über den Wassern deiner Seele schwebt unaufhörlich ein dunkler Vogel: Unruhe.
Stufen

Die Welt ist Gottes Suche nach Sich, nach Seinem Sinn, nach Seinem Grund. Alles ist Weg, Gott ist Weg. Das Kleinste wie das Größte, alles ist nur ein Weg. Der Weg nach dem Sinn ist der Sinn selber. Der Weg nach dem Sinn ist der Sinn des Wegs.
Weltbild: Episode

Wirklicher innerster, reinster Glaube kann sich nur auf etwas beziehen, wofür die Sprache kein anderes Wort hat als absurdum; das Absurde ist sein einziges Objekt. Ja, ich möchte noch weiter gehen: Was geglaubt werden kann, ist schon nicht mehr glaubwürdig. Glaube, im innersten Begriff, ist Annahme aller Möglichkeiten mit Ausnahme der einzigen, zu ihm selbst je ein bestimmtes Geglaubtes, das heißt einen irgendwie bestimmten Inhalt, zu finden. Glaube ist nur wahrer Glaube als von keinem Gedanken entweihtes Gefühl Gottes. Glaube ist damit das Gefühl Gottes von Sich selbst, Glaube an Gott ist bereits kein reiner Glaube mehr: Das an setzt einen Gedanken, ein Urteil, eine Auswahl voraus. Glaube an Gott ist ebenso wenig Glaube Gottes wie Gefühl an Gott Gefühl Gottes. Daher auch keine Vernunft dem wahren Glauben etwas anhaben kann.

Weltbild: Episode

Wenn man den Sternenhimmel mit Ernst betrachtet, wird man gestehen müssen, dass Gott, der Schöpfer, der größte Gedanke war, der je in ein Menschengehirn kommen konnte wie zugleich Gott, der Sittenrichter einer der beschränktesten. Aber so gewiss der letzte unzählige Male bis zu Ende gedacht worden ist, so ungewiss ist es, ob der erste je in seiner ganzen unerhörten Mächtigkeit Herz und Hirn eines Sterblichen ergriffen und zerstört hat.

Stufen

Betrachte den Sternenhimmel – alles versinkt um dich her. Wer ist er, wer bist du. Dein Denken schweigt. Du fühlst dich wie hinweggehoben, zerflattern … Wer bist du, wer ist er, wenn nicht – Es. Das unfassbare Selbst, Gott, das Mysterium. Und dies Mysterium fragt in sich selbst: Wer bin ich, wer bist du. Gott fragt sich selbst in sich selbst – und weiß keine Antwort, erstummt in sich selbst …

Weltbild: Episode

Gott wäre etwas gar Erbärmliches, wenn er sich in einem Menschenkopfe begreifen könnte.

Weltbild: Episode

Alles Denken ist Übersetzen Gottes ins Rationalistische. Von Gott, dem Original, wissen wir nur durch Gott, den Übersetzer.

Stufen

Wer Gott aufgibt, der löscht die Sonne aus, um mit einer Laterne weiter zu wandeln.

Stufen

Mein einziges Gebet ist das um Vertiefung. Durch sie allein kann ich wieder zu Gott gelangen. Vertiefung! Vertiefung!

In me ipsum

Ich trage keine Schätze in mir, ich habe nur die Kraft, vieles, was ich berühre, in etwas von Wert zu verwandeln. Ich habe keine Tiefe als meinen unaufhörlichen Trieb zur Tiefe.

In me ipsum

Wenn einer die Welt bejaht, bejaht sie Gott, wenn sie einer verneint, verneint sie Gott (und damit sich). Gott sagt weder bloß ja noch bloß nein zu sich, sondern urewig ja und nein.

Weltbild: Episode

Gott ist gewiss nicht Persönlichkeit. Aber er wird sie in jedem Moment. Gott ist: Persönlichkeiten.

Weltbild: Episode

Im Menschen erschuf sich das Ungeborgene seine Burg. Gott ist nichts Außerbürgerliches; wo auch nur die kleinste Zelle, da ist sie zugleich Gottes

Burg. Nun ist aber alles Zelle, das Wort wo ist überflüssig, ebenso wie wenn man sagen wollte: Wo (im Glase Wasser) auch nur ein Tropfen Wasser, da ist Gott in ihm. Alles ist »Burg«. Seit Welt überhaupt ist, gibt es nur Gott, den Geborgenen, den Bürger.
Weltbild: Episode

Das Wunder ist das einzig Reale, es gibt nichts außer ihm. Wenn aber alles Wunder ist, das heißt durch und durch unbegreiflich, so weiß ich nicht, warum man dieser großen einen Unbegreiflichkeit, die alles ist, nicht den Namen Gott sollte geben dürfen.
Weltbild: Episode

Vor einem Kirchhof: die abgelegten Kleider Gottes.
Weltbild: Episode

Wir treiben mit Gefühlen Spott
um höhere Gefühle,
zerbrechen wolln wir euch und »Gott«
die angemaßten Stühle.
Ich und die Welt

Gott ist seine eigene Erfindung. Das sich selbst
Unerklärliche sagt aus Menschenmund Gott zu
sich.
Weltbild: Episode

Gott ist der tiefste Gedanke, den der Mensch je
gedacht hat. Gott ist der eigentliche Gedanke der
Erde, der einzige all unsrer Gedanken, der, ge-
schweige denn in Jahrtausenden, innerhalb ihres,
der Erde, ganzen Daseins nicht zu Ende gedacht
werden kann. Gott ist die große Frage der Erde, al-
ler Erden: Ihr Leben ihre offenbare zugleich und
geheime Antwort.
Weltbild: Am Tor

Es ist eines der tiefsten Worte: Bei Gott ist kein Ding unmöglich. Gott ist die Möglichkeit aller Möglichkeiten.

Weltbild: Am Tor

Wenn die Menschen sich weiter entwickeln, müssen auch ihre Götter sich mit und weiter entwickeln, all die geistigen Wesenheiten, die an ihnen gearbeitet haben und arbeiten. Der Lehrer, der das Kind bis zu dessen zwanzigstem Jahre geleitet hat, wird dann ebenfalls um zwanzig Jahre gealtert, gereift, weiter entwickelt sein. Wer überhaupt göttliche Demiurgen annimmt, der soll sie nicht als starre Götzen verehren.

Weltbild: Am Tor

Es gibt keine Seele, die nicht ihr Wattenmeer hätte, in dem zu Zeiten der Ebbe jedermann spazierengehen kann.

Stufen

Wenn Gott nicht die ewige Sehnsucht zweier See-
len zueinander ist – wenn die Welt nicht der ewige
Weg dieser zwei Seelen ist –, so weiß ich nicht, was
Gott und Welt bedeuten.
Weltbild: Episode

Wie ein Wind über ein Ährenfeld, so ging diese
durchfahrene Viertelstunde über seine bewegli-
che Seele.
Stufen

Der Körper, der Übersetzer der Seele (Gottes) ins
Sichtbare.
Weltbild: Episode

Alles Denken und Reden ist ein einziger Monolog
der Gottheit. Aber in, so scheint es, Legionen Hir-
nen, aber mit Legionen Zungen.
Stufen

Es ist schauerlich, an Toren zu rütteln, die verschlossen sind; noch schauerlicher aber, wenn sie nur aus dünnem Seelenstoff, ja, wenn sie nur aus den kühlen, harten Blicken einer Seele bestehen, die dich nicht in sich eindringen lassen will.
Stufen

Die Luft ward rein von »Gott«,
nun ist das Weltall frei –
auf, spannt die Bogen
nach den fernsten Sternen!
Auf vielen Wegen

Quellenverzeichnis

Beim Tode Morgensterns war weniger als die Hälfte seines Werkes publiziert. Die Quellenlage gestaltet sich nicht immer einfach, weil der Autor selbst zu Lebzeiten Bände neu zusammenstellte oder Veröffentlichungen nach seinem Tod als Teilsammlungen mit wechselnden Auswahlen erschienen. Versucht wurde, die Texte der inzwischen bekannten Ersterscheinung zuzuordnen.

Stufen
Stufen. Aufzeichnungen und Aphorismen aus dem Nachlaß. Hrsg. von Margareta Morgenstern, München 1918

Daraus auch:
Weltbild: Episode (Tagebuch eines Mystikers); Weltbild: Am Tor; Weltbild: Anstieg; In me ipsum: Im Spiegelkerker

Ich und die Welt; Melancholie, aus:
Jubiläumsausgabe in vier Bänden,
Band II, München 1979

Frühe Aufzeichnungen; Epigramme, aus:
Jubiläumsausgabe in vier Bänden,
Band III, München 1979

Galgenlieder; Palmström, aus:
Jubiläumsausgabe in vier Bänden,
Band I, München 1979

Briefe, aus:
Ein Leben in Briefen.
Hrsg. von Margareta Morgenstern,
Wiesbaden 1952

Aus dem Nachlass: Die Sufragette (1913)

In gleicher Ausstattung sind erschienen:

Worte der Achtsamkeit
Texte von Thich Nhat Hanh
ISBN 978-3-451-38135-5

Worte des Glücks
Texte aus der ganzen Welt
ISBN 978-3-451-38136-2

Worte wie Sterne
Texte von Antoine de Saint-Exupéry
ISBN 978-3-451-38138-6